Inhalt

Meta Directories: Struktur im IT-Datendschungel

Kernthesen

Beitrag

Fallbeispiele

Weiterführende Literatur

Impressum

Meta Directories: Struktur im IT-Datendschungel

M. Westphal

Kernthesen

- Die IT-Landschaft in Unternehmen und damit auch der Aufwand für Datenadministration und -pflege werden immer komplexer.
- Meta Directories eignen sich insbesondere für ein unternehmensübergreifendes Identity Management.
- Die Einführung einer Meta Directory-Struktur ist sehr aufwändig, kann sich aber sehr schnell amortisieren.

Beitrag

Der IT-Datendschungel wird undurchdringlich

Die Geschäftsabläufe großer Unternehmen werden durch unübersichtliche Datenmengen gelähmt. Die Datenpflege der Informationen, die häufig in vielen Verzeichnissen parallel existieren, ufert aus. Verzeichnisse sind in der modernen DV-Welt die Speicherorte für User-Account, E-Mail-Adressen, Telefonnummern und anderes. Beinahe alle mächtigeren Applikationen verfügen über ein eigenes Directory, welches selbstverständlich auch gepflegt werden muss.

Applikationsvielfalt

Viele Unternehmen setzen eine Vielzahl von Applikationen ein, mit denen Kunden, Lieferanten, Partnern und eigenen Mitarbeitern gezielt Informationen bereit gestellt werden. Diese Daten wurden in den Unternehmen von verschiedenen Systemen wie Lotus Notes Domino, Microsoft Exchange Server, SAP, oder aber Datenbanken von unterschiedlichen Anbietern wie Sybase oder Oracle administriert. Somit haben sich in den Unternehmen eine Vielzahl von Informationsquellen etabliert, was den Aufwand, diese Daten zu pflegen, verwalten und schützen, immens in die Höhe treibt. Darüber hinaus wird der Datenbestand immer unübersichtlicher genutzt, da die Systeme zu unterschiedlich sind und eine Datenkompatibilität häufig nicht besteht, bzw. aufwändig zu realisieren ist.

Somit versuchen viele Unternehmen, alle Daten in einer zentralen Quelle zu konsolidieren (was nicht heißt, dass die Daten auch physikalisch in dieser Quelle liegen müssen).
Gesucht wird also eine Technologie, die mit allen Datenquellen kommunizieren kann, diese alle miteinander verbindet und die Informationen in ein zentrales Verzeichnis überträgt.

Meta Directories

Um dieses Problem zu lösen bedient man sich Meta Directories, welche alle gesammelten Daten regelbasierend in Form eines Workflows in die unterschiedlichen Systeme einpflegen. Auf diesem Wege ist die Administration bzw. Erfassung nahezu aller Daten möglich.

Zusatzkomponenten, sogenannte Konnektoren,

stellen den automatischen Datenfluss zwischen dem Directory Service und allen anderen Datenquellen her. Das so entstandene Meta Directory fasst dann alle Daten aus unterschiedlichen Quellen zu einem einheitlichen Informationsobjekt, etwa einem Benutzer zusammen.

Anwendungsszenarien für Meta Directories

Die Anwendungsmöglichkeiten für Meta Directories gehen weit über reine elektronische Mitarbeiterverzeichnisse hinaus. Die Meta-Verzeichnisstrukturen greifen über definierte Schnittstellen auf die in den verschiedenen Applikationen verteilten Verzeichnisse und Datenbanken zu, sammeln die Informationen, konsolidieren sie und stellen sie jedem Mitarbeiter zur Verfügung. Somit brauchen Änderungen nur einmal eingegeben werden und werden automatisch in allen angeschlossenen Verzeichnissen nachvollzogen.

Die wichtigsten Anwendungsgebiete für Meta Directories sind die Schaffung einer einheitlichen Benutzer- und Ressourcenverwaltung (Identity-Management), sowie Sicherheitslösungen wie PKI,

Single-Sign-on oder VPNs.

Eine integrierte Nutzerverwaltung verfolgt das Ziel, die verschiedenen Konten und Berechtigungen eines Benutzers (Identitäten), logisch zusammenzuführen und einheitlich zu administrieren.

Meta Directories erfassen als Firmenverzeichnisse alle Informationen über Mitarbeiter und Ressourcen, egal wie proprietär die Insellösung ist, aus der die Daten bezogen werden. Das gesamte Datenaufkommen kann über einen zentralen Zugriff administriert werden. Die hinterlegten Informationen können personenbezogene Daten, Nutzerprofile, IP-Adressen, Fotos, Login-Daten, technische Details von Netzressourcen bis hin zu umfangreichen Projekt- und Produktverzeichnissen umfassen.

Idealtypischerweise sollte ein IT-System die internen Abläufe unterstützen. Wird z. B. ein neuer Mitarbeiter eingestellt, so werden seine Daten im Personal-System erfasst. Jetzt sollte das IT-System auf diesen Informationen basierend einen Workflow einleiten, der Login-Accounts in entsprechenden Applikationen, Mail-Adresse, Telefonnummer, Fax-Nummer, ID-Nummer, etc. generiert.
Diese Workflows können über Meta Directories geleistet werden, die damit die Unternehmensprozesse optimieren und

wettbewerbsfähige Firmenorganisationen schaffen können.

Identity Management

Die Anzahl der unternehmensübergreifenden Geschäftsprozesse, die ohne direkte menschliche Steuerung elektronisch abgewickelt werden, nimmt kontinuierlich zu, was bedeutet, dass Unternehmen und Verwaltungen auf ein integriertes Identity-Management kaum noch verzichten können.

Ein gutes Identity Management mittels Meta Directories wird spätestens bei der Einführung kollaborativer Web-Dienste, die sich gegenseitig identifizieren, um anschließend selbsttätig Informationen auszutauschen, zwingend notwendig. Das Identity Management übernimmt in diesem Falle die Form einer Sicherheitsinstanz, die automatisch zwischen diesen Services die kombinierte Authentisierung und Autorisierung übernimmt.

Sicherheit

Die globalen Verzeichnisse spielen auch im Bereich der Authentifizierung von Anwendern und der Datenverschlüsselung eine große Rolle. Es lassen sich nämlich auch nutzerbezogene Sicherheitsinformationen wie "Public Keys" ablegen.

Die zunehmende Zahl von Nutzern, die auf Internet-Seiten zugreifen, verlangt nach einer Unterscheidung von Zugriffen zwischen "Gut und Böse". Nicht alle Teilnehmer sind auf allen Internet-Seiten eines Anbieters erwünscht. Über ein Portal müssen die Teilnehmer eindeutig identifiziert und durch automatische Ausstattung von bestimmten Rechten auf bestimmte Geschäftsinformationen kanalisiert werden. Darüber hinaus ist nur durch ein professionell organisiertes Identity-Management das wachsende Beziehungsgeflecht mit seinem Einfluss auf Verwaltung und Kosten in den Griff zu bekommen.

Entsprechende Angebote gibt es bereits von Siemens, Sun, Critical Path, Microsoft, Syntegra und Novell. Alle diese Systeme bedienen sich einer Meta Directory-Funktionalität, um alle Teilnehmer und ihre Rechte, die in unterschiedlichen Unternehmensverzeichnissen hinterlegt sind, administrativ einzufangen und für den automatischen Check der Teilnehmerschaft am Portal bereit zu halten. (1)

Effizienz

Weiteres Anwendungsszenario ist das Management von Millionen von Usern von Leistungen von Kommunikations- und Mehrwertdiensten, wie Informationsdienste, Sprachdienste, Mobilkommunikation und anderen. Die Nutzer erwarten hier, ihren aktuellen Nutzerprofilen entsprechende Dienste zu erhalten. Wenn alleine 1 % der Nutzer an einem Tag sein Passwort und/oder sein Benutzerprofil ändert, entsteht ein gewaltiges Datenaufkommen, welches effizient gemanaged werden muss. Die steigende Individualisierung der Benutzerdaten aufgrund einer wachsenden Anzahl an Services macht das Datenmanagement zunehmend komplexer.

Kosten-/Nutzen-Analyse

Die Existenz einer Vielzahl unterschiedlicher Datenbanken und anderer Applikationen mit zum Teil redundanten Daten, führen zu ständig steigenden Kosten für die Administration und Pflege dieser Daten wie aber auch zu einer unzureichenden Qualität der gespeicherten Informationen. Ein Teufelskreis tut sich dann auf, wenn bei der

Einführung neuer Applikationen eigene Datenbanken und Verzeichnisse aufgebaut werden, mit dem Ziel, für diese spezifische Applikation eine bessere Datenqualität aufgrund einer eigenen Umgebung zu erzielen. Damit findet aber ein exponentielles Wachstum der lokalen Datenbanken und Verzeichnisse statt, was ebenso zu einer rasanten Zunahme der Kosten für Betrieb und Pflege der gespeicherten Daten nach sich zieht.

Die Nutzen aus einer Einführung eines Meta Directories lassen sich messbar z. B. durch die Kostensenkung der IT-Prozesse und der Reduzierung von Arbeitsplätzen messen. Nicht messbare Vorteile sind u. a. die Verbesserung der Datenqualität und -aktualität.

Zwar verursachen komplexe Infrastrukturtechnologien, zu denen auch Meta Directories gehören, in der Einführungs- und Integrationsphase erhebliche Investitionen. Auf lange Sicht aber amortisieren sich diese Investitionen durch qualitative wie quantitative Effekte im Bereich der IT-Gemeinkosten.

Fallbeispiele

Die Universa Versicherungen möchten ihre zentrale Benutzerverwaltung auf einem "rollenbasierten Berechtigungskonzept" aufbauen. Dieses Konzept, welches eng mit der organisatorischen Struktur des Versicherers gekoppelt ist, möchte durch eine Vergabe von sogenannten Rollen, den Mitarbeitern Zugriffsberechtigungen und Ressourcen zuweisen. Eine Rolle ist in diesem Kontext die organisatorische Bezeichnung von Position, Aufgaben und Berechtigungen, die der Mitarbeiter benötigt, um seine Aufgaben zu erfüllen.
Die Administratoren verwalten hierbei zentral die Rechte und Ressourcen aller Mitarbeiter in einem zentralen Meta Directory. Dieses Meta Directory wird mit Stammdaten aus Personalabteilung und Vertrieb, wie Name, Funktion, Titel, aber auch mit Stammdaten über die Ressourcen gespeist. Zusätzlich zu diesen Informationen "Frank Meyer, Sachbearbeiter, Sachversicherung,..." werden Daten aus dem "Rollenkatalog" eingespielt. Die einzelnen Rollen beinhalten unbegrenzte Kombinationsmöglichkeiten, wodurch die Planstellen sehr präzise beschrieben werden können, wie "Sachbearbeiter Sachversicherung reguliert Schadenfälle bis zu einem Wert von 20 000 Euro". Über diesen Rollenkatalog werden dann auch die

Zugriffsrechte der Planstellen beschrieben. Des Weiteren werden in dem Meta Directory so genannte "Business Rules" beschrieben, welche die technischen Richtlinien initiieren, die dann verbindlich und zuverlässig umgesetzt werden, wie beispielsweise die Schreibweise von E-Mail-Adressen. Außerdem kommen Daten aus dem Katalog "Workflows", durch den automatisch Prozesse zur Ausstattung eines Mitarbeiter-Arbeitsplatzes wie z. B. spezielle Hard- und Software, angestoßen werden. Somit sind Anwendungen und IT-Dienste die Zielsysteme, die ihre Daten über das Meta Directory beziehen.
Ziel dieser Automatisierung von Routinearbeiten bei der IT-Administration ist die spürbare Senkung der Verwaltungskosten des Versicherers. Darüber hinaus können Mitarbeiter, wie auch Administratoren, jederzeit sicher sein, dass sie durch die Haltung einer zentralen Datenquelle immer auf zuverlässige Daten zugreifen. (3)

Die Finanzindustrie, die sich in der Vergangenheit nicht unbedingt durch erfolgreich etablierte Standardisierungen hervorgetan hat, hat in den U.S.A. ein neues Projekt, das sogenannte Liberty Alliance Project, aufgelegt, welches sich mit dem Management der Netz-Identitäten beschäftigen soll. Viele der 150 Mitglieder, zu denen u. a. die Bank of America Corp., American Express Co., Citigroup Inc., MasterCard International, wie auch Visa U.S.A.

gehören, haben sich dafür ausgesprochen, einen Standard einzuführen, der die Anzahl von User-Namen und Passwörtern reduzieren soll, die Nutzer auf verschiedenen Web-Sites verwenden müssen. Die Liberty Alliance hat die Version 1.0 ihrer Spezifikation im Juli 2002 veröffentlicht, die Version 1.1 folgte im November und die Version 2.0 wird in diesem Jahre folgen, wobei davon auszugehen ist, dass schon die Version 1.1 von etwa 12 Mitgliedern in diesem Jahre implementiert werden soll.

Die Technologie versucht, für Konsumenten mit vielen Online-Accounts einen einfacheren Zugang zu schaffen. Das verfolgte Hauptziel ist die Schaffung von Spezifikationen, die eine Interoperabilität zwischen den unterschiedlichen Identity Management-Systemen herstellen soll. Die Liberty-Technologie wird insbesondere in der Aggregation der Konteninformationen eine Rolle spielen. Hierbei könnten die Kunden z. B. ihre primäre Bank kontakten und diese könnte als Eingang oder Brücke zu allen anderen Institutionen dienen, mit denen der Kunde Geschäftsbeziehungen unterhält.

Der Versuch der Liberty Alliance mag ähnlich aussehen wie die Bemühungen, die Microsoft mit seinem Passport-Programm unternommen hat, in dem eine zentrale Datenbank von User-Namen und Passwörtern für die Kunden angelegt wird, die die Informationen sämtlicher Kunden mit all ihren lizensierten Microsoft-Produkten enthält. Im

Gegensatz dazu benötigt die Liberty-Spezifikation keine einzige Quelle der persönlichen Informationen. Es vernetzt stattdessen sämtliche Konten und deren Informationen wie User Namen und Passwörter. Bis heute steht dem Umstand der zentralen Datenhaltung sensibler, persönlichkeitsbezogener Daten immer noch das "Big Brother"-Phänomen einer größeren Akzeptanz bei Kunden im Wege. Allerdings ist die Finanzindustrie in den U.S.A., die eine Vielzahl proprietärer elektronischer Systeme unterhält, die nicht einmal innerhalb eines Institutes immer komplett miteinander kommunizieren können, sehr daran interessiert, einheitliche Kommunikationsprotokolle zu schaffen. Dieses nicht nur, um das Handling für die Kunden zu vereinfachen, sondern auch, um die eigenen Kosten zu senken. (4)

In Italien wurde ein Projekt aufgesetzt, in welchem sich eine Gruppe von Banken zum Ziel gesetzt hat, ein einziges System zu schaffen, in dem eine neue, einheitliche Online-Identität für alle Kunden geschaffen werden soll. Aufgrund der Tatsache, dass mit Infrastruktur kaum ein Wettbewerbsvorteil gegenüber den Kunden der unterschiedlichen Institute dargestellt werden kann, kann eine solche Zentralisierung hohe Kostensenkungspotenziale bergen. Diese neue "Interbank"-Applikation zwischen allen italienischen Banken kann zum einen für die

Banken einen Hebel bedeuten, die "gemeinsamen" Kundendaten zu nutzen. Die italienischen Banken haben im März 2002 ein gemeinsames Unternehmen gegründet, welches auch den Identrus encryption Standard nutzt, der einheitliche Nutzer-Zertifikate erstellt. Die ersten vier Banken, San Paolo Imi, Intesa-BCI, Monte Dei Paschi di Siena und Banco di Roma bieten diese Zertifikate seit dem 01.01.2003 ihren Geschäftskunden für E-Commerce-Anwendungen an. (5)

Weiterführende Literatur

(1) Die Bösen werden schon am Portal herausgefiltert Identity-Management kanalisiert Teilnehmerflut im E-Commerce
aus FTD Financial Times Deutschland vom 11.12.2002, Seite 33

(2) Heckerott, Barbara, Verzeichnisdienste/Infrastruktur für das E-Business, Directories lichten den Datendschungel, Computerwoche, 18.10.2002, Nr. 42, S.42-43
aus FTD Financial Times Deutschland vom 11.12.2002, Seite 33

(3) Schneller einsatzbereit für den Kunden
aus Versicherungswirtschaft, 15.12.2002, 57.Jg., Nr. 24, S. 1975

(4) Wade, Bill, Liberty Consortium Says ID Standard Will Stick, American Banker, 08.01.2003, Vol. 168, No.5, p.1
aus Versicherungswirtschaft, 15.12.2002, 57.Jg., Nr. 24, S. 1975

(5) Bills, Steve, In Brief: Web Trader ID Effort Kicking Off in Italy, American Banker, 02.01.2003, Vol. 168, No.1, p.12
aus Versicherungswirtschaft, 15.12.2002, 57.Jg., Nr. 24, S. 1975

Impressum

Meta Directories: Struktur im IT-Datendschungel

Bibliografische Information der deutschen Nationalbibliothek

Die Deutsche Nationalbibliothek verzeichnet diese Publikation in der deutschen Nationalbibliografie; detaillierte bibliografische Daten sind im Internet über http://dnb.d-nb.de abrufbar.

ISBN: 978-3-7379-0867-2

© 2015 GBI-Genios Deutsche Wirtschaftsdatenbank GmbH, Freischützstraße 96, 81927 München, www.genios.de

Alle Rechte vorbehalten. Dieses Werk ist einschließlich aller seiner Teile – z.B. Texte, Tabellen und Grafiken - urheberrechtlich geschützt. Jede Verwertung außerhalb der Grenzen des Urheberrechtsgesetzes bedarf der vorherigen Zustimmung des Verlags. Dies gilt insbesondere auch für auszugsweise Nachdrucke, fotomechanische Vervielfältigungen (Fotokopie/Mikroskopie), Übersetzungen, Auswertungen durch Datenbanken oder ähnliche Einrichtungen und die Einspeicherung und Verarbeitung in elektronischen Systemen.